竹堂詩詞

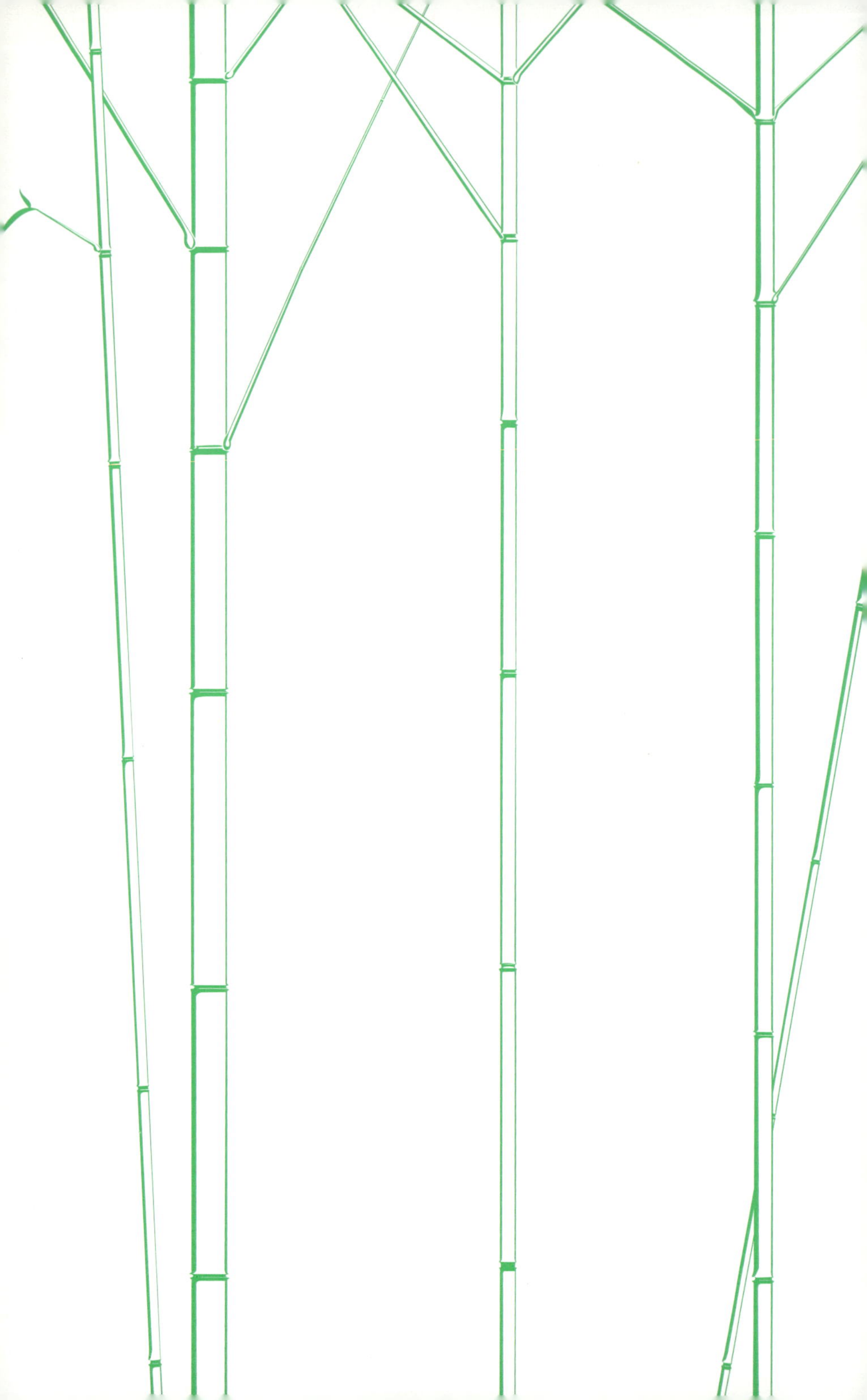

竹堂文丛

竹堂诗词

孟会祥 著

海燕出版社

自序

我生于1965年，家在河南襄城最西北隅的白塔寺郭村，祖辈务农，到我父亲这一辈才识字。小时候因为批《水浒》，看过这书，里面有古诗，但很多字不认识，没有见过唐诗宋词一类的书。到十三岁上高中，才在王洛公社（今王洛镇）毛泽东思想宣传站得到一本《古诗一百首》，后来又得《历代绝句一百首》一书，略能成诵，还居然买过一本郭沫若译的《离骚》，当时还不认识“兮”字。这算看到了真正的诗。

我大学毕业教书时还不会说普通话；后来，不用普通话讲课，要扣工资，于是学会了，但阴平和去声读得较准，阳平和上声至今还是读得马马虎虎；现在不教书了，也就无所谓了。

我读过王力《诗词格律》、启功《诗文声律论稿》等书，不求甚解，等于翻翻。到四十岁时才略知平仄，记住了近体诗的格式，懒而且笨，一至于斯，奈何！学写之后，听到内行人讲过其中有许多技术，比如五七言律诗中句式的变化等，老实说，我不会。古风要避开律句，多用拗体、仄韵等，对我来说，恐怕这辈子难以企及，乃不敢奢望。

如此不堪，竟要付梓，何故？我曾经说过，百灵鸟唱歌，乌鸦也唱歌，不能因为是乌鸦就闭嘴。又比如生孩子，生个聪明俊俏的，养；生个拙笨丑陋的，也一样得养。倘若令君发噱，想当有益于健康耳。

2014 年 9 月 17 日

目录

诗词

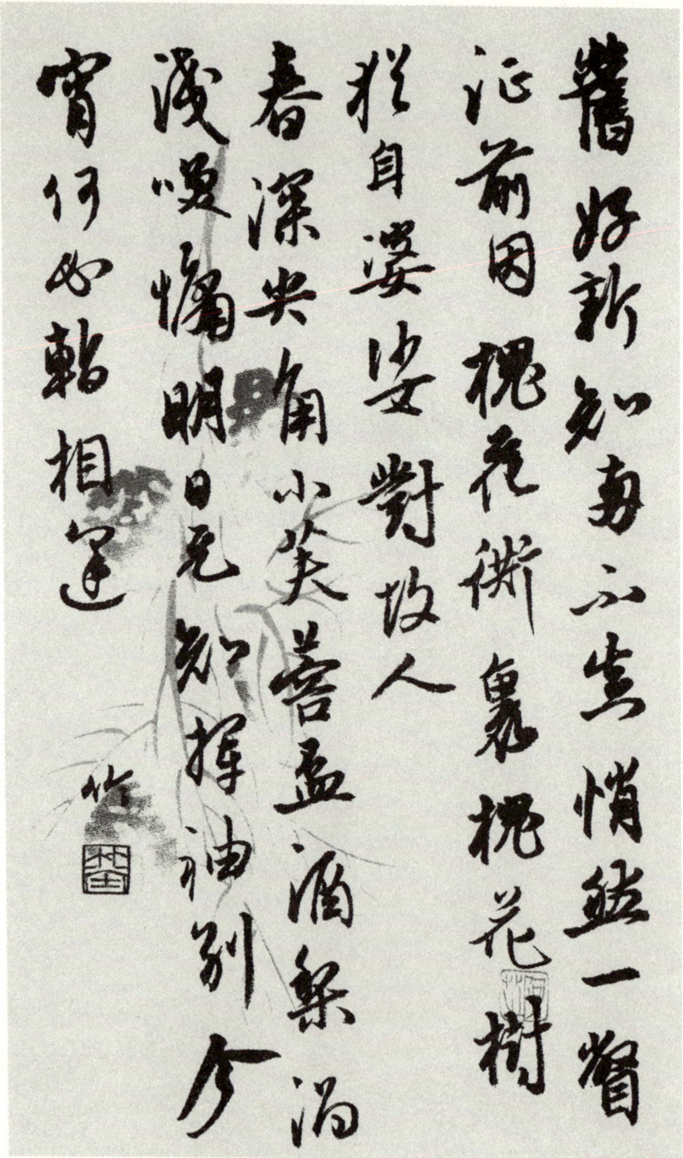

五言绝句

秋声

赁屋荒村隅，忽闻蟋蟀声。
羁愁原不寐，况且在三更。

晚信

星河知我意，叵耐九重天。
白鹭纷纷落，幽人尚未眠。

元夜

星星流广汉，辗转不成眠。
何事伤怀抱，灯花似去年。

秋

寥落空山里，幽人去不还。
黄花长伫立，叵耐一身闲。

赠答

琴山何所有，雪砚种梅花。
素手缄春信，分绿到天涯。

2012 年 7 月 17 日

上南岗先生

南岗频中圣，佐以韭花茶。
世味成酸涩，风吹白日斜。

2013 年 12 月 8 日

惜春

一夜潇潇雨，窗帷惹白绒。
今春看又过，玉砌乱飞红。

2014 年 4 月 21 日

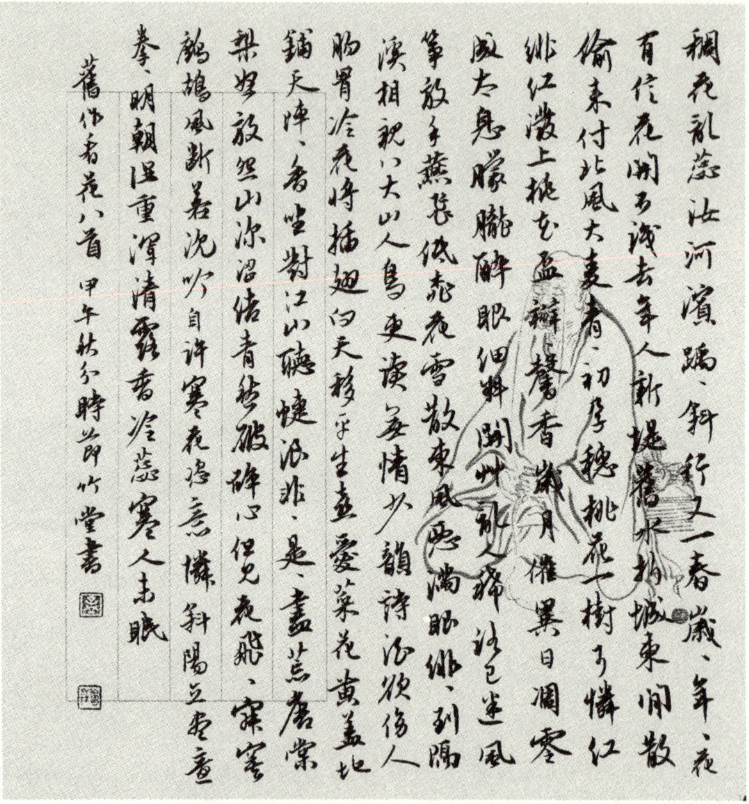
舊作看花八首 甲午秋分時節竹堂書

七言绝句

红叶

红袖添香小逗留，满山红叶一时羞。
桃花人面崔生泪，骀荡春风何似秋。

漫兴

一霎豪情似少时，如麻细雨湿人衣。
至今不惯他乡路，执意西行未拟归。

怀乡

窗前独坐待曦微，不觉无声泪迸飞。
白发依闾肠欲断，忍看身上密缝衣。

暗挥八首

2004年9月29日夜，饮酒小醉，归寓停电，昏昏而睡。醒时30日0时30分也，遂不能寐。夜色朦胧，犹可作书，乃记所思，成此稿。长假归来，见向时凌乱笔迹，铺陈于地，不忍遽弃，录之。2006年11月19日，始叶其平仄，重录如是。

三更梦断雨声催，白发频生万事灰。
十载他乡无赖夜，今朝难料几时回。

寄身强欲一枝安，四顾无灯眸子酸。
残墨枯肠思旧事，十分秋意一朝寒。

三分如意古来难，心地无私道路宽。
回首平生经过事，红灯走马与人看。

华年不惑惑中游，未敢翻身总破头。
旧好新知谁欲顾，漏船载酒泛中流。

娇儿测验夺元魁，恨不狂欢振翅飞。
四鼓吟诗无蜡烛，一分曙色透林微。

辛苦遭逢对雨声，承平却似乱离中。
西行路上愁肠断，啸傲无非我道穷。

雨夜叮咚阶欲碎，漫吟俚句似书空。
此生此夜不常有，相与推敲数阵风。

新诗未葺懒重吟，半吊功夫自在身。
纵使风霜摇落夜，胸无块垒醉青春。

无题

年来心事定如何，辗转无眠恨梦多。
昨夜丛生双鬓雪，窗前断续透笙歌。

感遇

心之忧矣匪浣衣，耽懒耽愁甘息机。
我有迷魂招不得，关河寥廓雁孤飞。

即事

道是无情亦有情，金风玉露暂相逢。
朝霞泣下胭脂泪，瘦比黄花对镜慵。

无题

寒雨潇潇雾满林，莲花落尽日沉沉。
将疑将信依稀梦，碧海苍天豆蔻心。

无题

有情何事似无情，生死相随醉梦中。
秋水双鱼浑不识，一颦一笑与君同。

无题

轻执柔荑梦亦酥，当年琴弄梦相如。
无情最是东风早，红杏飘零逐鳜鱼。

杏花

记得南城看杏花，离离柞树宿昏鸦。
天荒地老春如旧，一阵号啕入酒家。

论书绝句十首

一

千年平复妙难量，残损偏宜做墨皇。
亥豕鲁鱼谁欲辨，忍将丛杂误琳琅。

《平复帖》残损已甚，不可句读。启元白释之，难辨之字，亦据偏旁推断而已，虽未必尽是，尚略有六朝遗韵。强以他释，虽未为不可，恐亦终为猜测耳。举凡公说公有理婆说婆有理之争，永无结果，亦如此类。2007年4月2日。

二

盛世如驴㸑火猪，斯民一例任人屠。
堂前燕子乌衣巷，痛贯心肝一尺书。

《丧乱帖》为羲之书最佳者，无与伦比。想当时黎民，死难

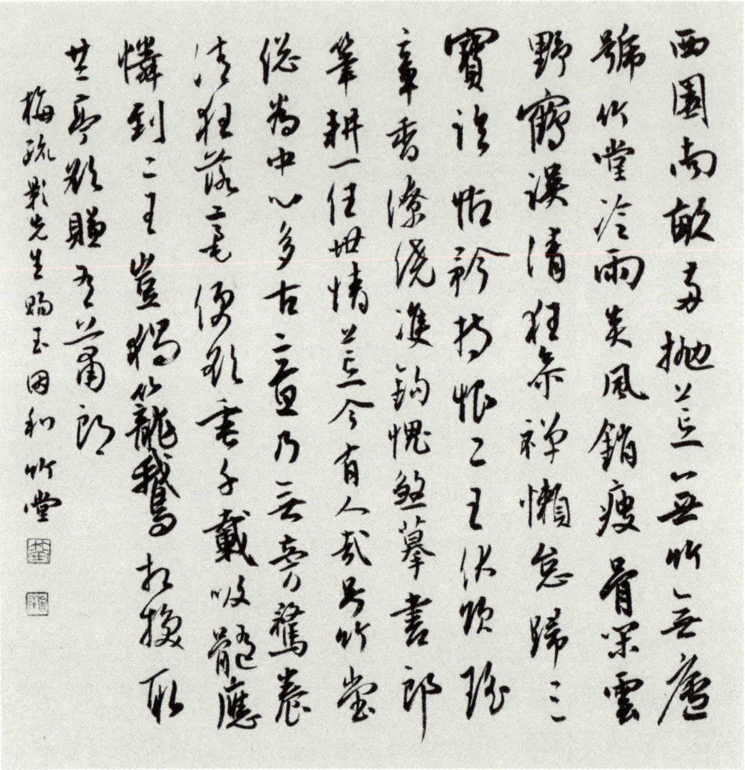

者何计，摧绝自甚于王氏先墓罹毒也。老辈人言，三年困难时期之后，不饿死者相见，则额手称庆，况战乱乎？2007年4月2日。

三

龙跳天门翥凤凰，十分姿媚十分狂。
秋毫挫折棱如铁，可笑昌黎两眼盲。

《丧乱帖》笔毫劲健，宛似屈铁，动宕颠沛，呼天抢地，读之使人胆战心惊。韩愈云“羲之俗书趁姿媚”，流毒正不浅耳。盖昌黎非知书者。清人以卑赵董或诬及羲献，如龚定庵云“不肄山阴肄隐居”，实亦枉于碑派鼓吹而已。碑派大家如何子贞、赵无闷，未必不学帖。2007年4月3日。

四

兰亭集序是耶非，往事千年旧迹微。
袅娜妆成凭指点，干卿燕瘦与环肥。

《兰亭序》真伪之辩，自清代李文田始，至今不绝，迄无定论，亦将永无定论也。或发昭陵可大白于天下。近闻《兰亭序》或在乾陵，亦未可知。“神龙”摹本，初看平淡，而令人玩味不尽，正所谓大美也。2007年4月3日。

五

透过刀锋看笔锋，浮光掠影意千重。

高昌墨迹参差在，宁信刀痕化作龙。

《高昌墓砖》间有墨迹，字势开张，如加以刀斧，则成魏碑矣。启功云“透过刀锋看笔锋”，意在学碑亦当自用笔措手。若全力摹仿刀痕，不免杂耍，大悖书旨。2007年4月5日。

六

老笔纷披何绍基，低回玩味竟移时。
款书稚嫩知天命，惭愧知书只到皮。

友人持何绍基临作共赏，流连久之，一咏三叹。已而见其落款，为道州五十岁时书，而行笔浮滑，大谬不然。盖高手作伪，亦非常人所到也。平时自许知书，实皮毛而已，不胜惭惶，韵以记之。2007年4月9日。

七

挥毫每叫大方讥，暗自羞惭满面绯。
自笑读书曾自重，原来一样逐尘飞。

余作书作文不检点，信手抄录，半记半忘，舛误百出。古田程建新、无锡杜国伟两硕学皆曾赐函教导。致每拆程建新信，汗不敢出。程、杜尺牍，皆古雅典丽，洵读书人也。余曾自谓好读书不求甚解，实为开脱怠惰。书不从文，尘滓泛起，岂意不佞亦推其波而助其澜也。2007年4月10日。

八

掐字抠篇味道稀，吟诗要靠作诗机。

驼峰马肿因成鹿，紧蹙蛾眉屁股肥。

余不能诗，强以为之，以作诗机校正平仄。作诗机，辅助作诗之软件也。转念不能之而逞能，天下此类甚多，不独不才也。不识骆驼者谓是马肿背，识马者未必不云是鹿，知而不言，言不由衷，滔滔皆是。东施见西施之美，因蹙其眉，反曝其丑甚，亦不独不才也。2007年4月10日。

九

列坐流觞曲水滨，千年故事读如新。

神龙既已摹真迹，定武何须寿玉珉。

见神龙本，则自知定武本等优孟衣冠也。古人不得见神龙，则只学石刻，顶礼兰亭，实则尸祝而已。2007年4月15日。

十

依稀事务齐清定，梦觉身边半是苔。

窗外纷纷飞絮落，牡丹篱下杂花开。

午睡惺忪，觉编务顷已尽了，乍然醒来，方知满目蒿莱，正待芟葺耳。斯时窗外柳絮飞尽，牡丹已倦，而杂花未名，绽放兀艳。余其杂花之不名，应时而开，尚不自弃者耶？一笑记之。2007年4月23日。

强为十首

丁亥酷夏，得间作此十首。不知声律，备尝艰难。如啃瓦石，哪得诗味。凑成十数，暗自苦笑。不忍遽弃，聊复尔尔。以自学，违禀赋，亦可为乐乎。2007年8月2日。

怅望天涯无处归，那堪时节正芳菲。
青蝇吊客平生志，萧瑟东风乌鹊飞。

春寒瑟瑟立江头，枉自伤心赋客愁。
樯影往来留不住，杨花缭乱系孤舟。

无赖红灯劝不眠，长街彳亍倍凄然。
手机空号人何在，梦断香消又一年。

执手红灯杯酒温，怕将交浅易交深。
崔生邂逅桃花梦，碧海青天明月心。

杯水双鱼一任清，山川俱在正穿行。

长空只雁曾相识，过我铿然四五声。

水流花谢总无情，阡陌离离且漫行。
莫怨百年原是客，斜阳袖手对蝉声。

遥岑一带误红尘，酒绿灯红城市新。
肚痛之余歌古调，不知谁是解琴人。

欲入桃源学避秦，杨花浩荡趁青春。
武陵早是人多处，春雨春风愁杀人。

底事平生总是忙，原来一半是荒唐。
三杯老酒喝高矣，误认新郎作伴郎。

平生事业忆来迟，不觉霜华上鬓丝。
遥想家乡瓜豆饱，老翁无事下棋时。

丁亥中秋拟古

离乡何事为思乡，无计南飞看雁行。
记得荒村门外路，西风阵阵对斜阳。

丁亥中秋晨为打麻将声惊醒

夜窗麻雀不堪听，露重披衣白发生。
烦闷本来挥不去，如何禁得呕哵声。

对饮张胜

痛饮长鲸解断愁，英雄不必许曹刘。
天街种豆收狷介，不做老来锣下猴。

看花八首

稠花乱蕊汝河滨，踽踽斜行又一春。
岁岁年年花有信，花开不识去年人。

新堤旧水折城东，闲散偷来付北风。
大麦青青初孕穗，桃花一树可怜红。

绯红泼上桃花杯，瓣瓣馨香岁月催。
异日凋零成太息，蒙眬醉眼细斜开。

草乱人稀路已迷，风筝放手燕飞低。
桃花雪散东风恶，满眼绯绯到隔溪。

相亲八大山人鸟，更读无情少韵诗。
酒欲伤人肠胃冷，花将插翅向天移。

平生喜爱菜花黄，盖地铺天阵阵香。
坐对江山听蝶浪，非非是是尽荒唐。

棠梨怒放怨山深，涩结青愁破碎心。
但见花飞飞寂寞，鹧鸪风断若沉吟。

自许寒花恣意怜，斜阳立尽意拳拳。
明朝湿重浑清露，香冷蕊寒人未眠。

2008 年 3 月 12 日

八千乡

槐花嫩刺挂青衣，十亩瓜田白鹭飞。
记得八千乡下路，羊肠九曲入林微。

2009 年 2 月 24 日

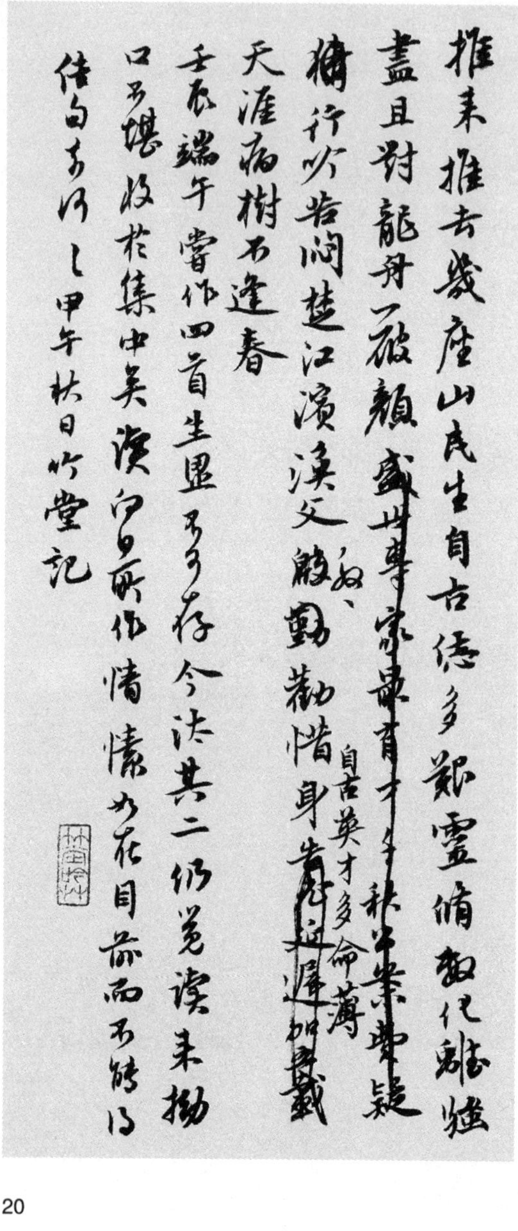
推來推去幾座山民生自古德多艱靈脩數代雖燼
盡且對龍舟一破顏~~盛世尊崇最育才年年秋祭粽堪疑~~
獨行吟咨問楚江濱漁父殷勤勸惜身自古英才多命薄~~肯遠遲加戴~~
天涯病樹不逢春
壬辰端午嘗作四首生還不存今決其二仍覺讀來拗
口不堪收於集中矣深自所作情懷如在目前而不能以
佳句表[illegible]之甲午秋日竹堂記

偶成四首

江山何处可悠游，四面丛生百尺楼。
岁岁年年珠一串，伤春未已又悲秋。

无端窗外乱雏鸠，乍破流苏一寸柔。
梦断关河空折戟，凭谁执手问情仇。

平生羞愧稻粱谋，混世文章一半偷。
坐对斜阳悲白发，烟霞深处羡沙鸥。

窗前细小马蹄莲，浊世相逢定有缘。
许是前生还泪债，居然怒放斗婵娟。

2010 年 5 月 29 日

不寄

十里槐花四月风，瓜秧出没草丛中。
应怜未老头先白，一味吟诗恨未工。

牙痛

门牙脱落大牙松，酸痛钻心只捶胸。
麻醉魂灵唯药物，唉声叹气老龙钟。

有怀

荒村小巷认芳踪，一度追寻一度空。
万唤千呼终不见，风吹满树杏花红。

2010 年 8 月 21 日

钓叟

两岸人稀蛙鼓乱，垂纶闲坐老渔翁。
当时燕子飞何处，芦花似雪雾蒙蒙。

2010 年 8 月 21 日

偶成

南瓜小米素生涯，只管抽烟不喝茶。
乍起秋风吹白露，忽来清兴诵蒹葭。

2010 年 9 月 9 日

忆看武侠录像

二十许岁初工作，有时无聊甚，钻录像厅竟日。

灯昏汗臭意沉沉，臆想神雕古墓人。
天下英雄谁第一？狂风吹雪半溪深。

2011 年 3 月 1 日

醉后

杨花如雪草萌堤，一任荒唐醉似泥。
无数风筝争指路，君家原在北桥西。

君家原在北桥西，吴琚句。

2011 年 3 月 17 日

岔气

5月12日午，酒后睡意浅昏。蒙眬间将滚落沙发，猛惊岔气。今日痛似加剧，乃赴小诊所，取木香顺气丸等。余向体弱，且将老矣。

金樽美酒两三盅，醉意争如睡意浓。
自信平生无愧怍，低眉可奈数扪胸？

2011年5月15日

牙痛三首

追悔

万虫钻脑实难支，引火烧身后悔迟。
熬夜吸烟潇洒甚，因缘果报在当时。

理想

无灾无病享清嘉，白薯馒头绿豆芽。
闭户隐身关电话，读书累了画龙蛇。

轶事

二毛斑驳舞婆娑，老眼昏花背已驼。
一日三回西药量，姑娘疑问看清么？

盖以予老迈不中用，护士给西药时问：“这上面的字看得懂吗？”我嗫嚅答：“能看懂，能看懂。”真可记也。

2011年9月25日

壬辰新春拜年

镜像流光手握沙，凌波次第著新花。
苏生万物恩情厚，沐浴东风道路赊。

桃花

最爱深红复浅红，美人折扇送春风。
香魂寂寞今何在，不在愁中在病中。

杏花

先声春信到天涯，漫卷东风万里霞。
相对无言堪刎颈，平生知己耐寒花。

水仙

冬去春回两不惊，千红万紫任人争。
凌波倒影伤憔悴，自赏孤芳一味清。

感事

寄意寒星愿力深，迢迢尺素阒无音。
莲房露冷行人散，谁解梳翎一寸心。

2012 年 7 月 13 日

水乡

一树紫薇半院瓜，湖光深处种莲花。

青蛙故唱儿时调，约我初秋共饮茶。

2012 年 7 月 17 日

适庐赐台湾版《孙过庭书谱》

翠华仙岛旧王宫，深锁南威怅晚风。
多谢适庐分绮梦，冰肌玉骨看朦胧。

2012 年 8 月 9 日

中秋绝句二首

银花火树两非真，夜半清斋隔市尘。
云影不知何处去，月华闲照未眠人。

半天寒露半天云，一夜沉吟尽为君。
两地闲愁谁会得，桂花相与月三分。

步友人韵二首

春去秋来犹不知，一年才得数行诗。
登高也拟寻新句，满地黄花两眼痴。

一往温柔自不知，几回涂乙数行诗。
黄花莫叫伤憔悴，帘卷西风满袖痴。

2012 年 10 月 21 日星期日壬辰年九月初七

书签杂诗

曾经

漫漫忆旧话曾经，梦里庄生尚未醒。
岂似风前乌桕树，皓然明月立中庭。

书法直言

雕虫细事宁须论，典型俱在大师门。
当车我欲挥螳臂，艾艾期期作诤言。

襄城

汝水偎城水一湾，熏风叠翠紫云山。
闲听老辈消闲话，流荡他乡几时还。

竹堂笔记

雪爪鸿泥觅一斑，支离十记九堪删。
其中若有悠闲味，春满花枝立白鹇。

笔法琐谈

负暄篱下作闲谈，指月传灯兴正酣。
明日村前忙打水，归来手挎一空篮。

2013 年 1 月 3 日

步梅翁夫子春游二首韵

身在山中不见山，白云幽鸟一般闲。
莫因爆竹生乡思，打点诗囊计日还。

曾到天台即便休，重游失路恁多愁。
车灯幻灭桃林梦，不是仙州是郑州。

2013 年 2 月 17 日

风筝

寒江叠叠浪无穷，逗引诗情上碧空。
紫燕黄莺牵笑语，沉酣一手管东风。

柳花

梦里开花但恨迟，心随飞絮惹相思。
可怜岸上南朝柳，依旧空垂缭乱丝。

望月

海岛冰轮啭怨歌，杨花初吐颤微波。
清宵独立东风瘦，灿灿寒星数愈多。

2013 年 2 月 23 日

读友人词

奈何多病善愁身，一片花飞减却春。
数尽渔灯悄拭泪，莫将惆怅示路人。

2013 年 3 月 30 日

古槐街

旧好新知两不真，悄然一瞥证前因。
槐花巷里槐花树，犹自婆娑对故人。

2013 年 4 月 12 日

护城河

春深尖角水芙蓉，杯酒梨涡浅笑慵。
明日元知挥袖别，今宵何必暂相逢。

2013 年 4 月 12 日

见故人

负笈当年卫水滨，风华正茂赋青春。
相逢执手槐花巷，同是灯前白发人。

2013 年 4 月 13 日

灞陵桥

莫将缘浅逐缘深，柳絮东风力不禁。
只有灞陵桥畔草，青葱依旧动人心。

2013 年 4 月 13 日

答范功兄

三年一面太匆匆，劳燕分飞各西东。
奉和新诗凭短信，中庭明月几时同。

2013 年 4 月 21 日

近乡

公交烂醉吐烟尘，麦浪婆娑秫苗新。
亦觉近乡情更怯，当年把酒剩何人。

2013 年 5 月 31 日

无题

影转灯移悟后身，三千世界谢微尘。
泥牛入海劳牵挂，谁是多情岸上人。

2013 年 5 月 31 日

赠蔡树农

七步成诗酒气汹，青田吐屑试刀锋。
文章丧却英雄胆，一代风流蔡树农。

2013 年 9 月 16 日

读《暗香》《疏影》

暗香疏影任寒幽，何逊彷徨不是愁。
片片风吹沉碧水，依稀却上美人头。

2013 年 10 月 8 日

触雾

邪风浓雾冷相吹，口罩斑斓露眼眉。
不喜不悲不相识，行尸走肉辨阿谁？

2014 年 1 月 4 日

短信二首

冬去春来节令催，红泥绿蚁醉新醅。
隔空祝福新年好，短信联翩不用回。

短信殷殷意倍浓，全凭姓字忆尊容。
宿世因缘天注定，心上波澜一万重。

2014 年 1 月 31 日

步韵寄内

弹指参商十七年，南天望月几回圆。
寒来暑往催人老，犹自叮咛莫挂牵。

2014 年 2 月 28 日

上南岗周先生

元知世相乱如丝，镇日横眉苦不支。
野草春风生厚土，胸中块垒数行诗。

2014 年 3 月 19 日

春分

宿雾初开四野宽，暄妍风日破残寒。
单衣试酒陶然醉，好遣春温上笔端。

2014 年 3 月 21 日

匆匆

碧波三面抱珠城，纸醉金迷鸟语轻。
乘兴而来挥袖去，珠城四季不分明。

2014 年 3 月 22 日

偶感

浮生难得一宵闲，午夜星光落鬓斑。
试问皎皎河汉女，奔流尚有几重湾？

2014 年 4 月 17 日

步周俊杰先生韵

挥云七十少年郎，饱蘸松烟泼鬓霜。
驱遣龙蛇通造化，衔觞秀句妙难量。

2014 年 4 月 21 日

江南

白墙灰瓦接晴岚，桑叶初长隐幼蚕。
玉臂轻挥溪水笑，平生恨不住江南。

2014 年 5 月 12 日

答黄修竹先生

西苑诗书北苑钟，青衫绛帐舞雩风。
平生最爱萧萧竹，不叫花开一点红。

2014 年 5 月 28 日

附凤竹先生原玉：
披面如闻方外钟，竹堂真有古贤风。
可怜世上闲人少，竟为妖歌青与红。

步田中禾先生韵

雕虫篆刻出心声，花谢花开自有情。
老去填词终不悔，侯王若个是书生。

2014 年 7 月 31 日

田中禾先生赠吉欣璋老师：
闲来诗书养静气，忙时刀笔弄性情。
且把陇东作东篱，堪笑梅翁真儒生。
（陇东，谓吉欣璋老师所住陇东小区。会祥注）

上山摘酸棗、高入雲酸棗若有待不知待何人
一摘傷我指二摘傷我身三摘得酸棗四摘傷我心
食棗一時酸食棗一時甜酸甜復不辨禁口不能言
大雨從天潑泥深、一尺冒雨行路人執手相扶持大雨不
終朝飄風雖縱日何不待雨霽但恐行路遲從來道路
長從來行路難行、重行、去、何時還

雜詩二首 甲午八月竹堂書舊作於中州

五言律诗

春夜喜雨

一冬无雪至，正月得甘霖。
麦子分新蘖，松芽吐嫩针。
何曾天蕴玉，自古地生金。
但愿新年熟，春寒尚不禁。

咖啡

咖啡加美酒，整夜不成眠。
冷水长东逝，孤星正北悬。
斯人今孔疚，此事古难全。
暮暮朝朝泪，空流又一年。

己丑除夕拜年

踏雪欲寻春，寒梅著蕾新。
平生愧己丑，此夜到庚寅。
事业三余剩，功名一欠伸。
愿君长富贵，更得寿如椿。

感事

渔樵皆可友，手足欲何寻。
苏辙难联榻，王猷恸鼓琴。
管鲍贫者谊，鸿鹄贱时心。
白发畏交道，寒温抱旧衾。

2011 年 2 月 26 日

七言律诗

丁亥六月廿八日陪饮花园口遇雨

绿树蒙蒙锁白烟，连天暴雨撞渔船。
浮生若梦三分酒，处世无奇一抱拳。
黄水有时腾赤鲤，苍头多事问流年。
功名富贵波澜阔，不敢轻言愿执鞭。

丁亥六月三十日独对斜阳

秋风高树不关情，看落斜阳又一程。
双喙小虫争啄怒，半生客况窜行盲。
夜郎安足论天地，僻性不辞任辱荣。
万事不如烟体贴，乾坤吐纳乍阴晴。

丁亥七月一日忆汝水散步

青衫背手过城西，落尽杨花草未齐。
一抹青山穿薄雾，丛生野草抱长堤。
苍天意味休相问，旧事荒唐忍再提。
路上行人皆有以，萧然不顾踏黄泥。

丁亥七月七日大晴

悄然已去乍然来，心上眉头不尽哀。
闲与幽窗蛛吐网，漫同残夜烛成灰。
深藏短札诗千首，强拚长歌酒一杯。
分袂叮咛仙草泪，无情白发暗相催。

丁亥七月七日自嘲

二十年来一霎那，南行北顾别离多。
斑斓琐事堆砖瓦，闪烁浮名换薜萝。
柴米油盐腰早瘦，诗书画印背先驼。
犹能冷眼青天睆，无处黄庭换白鹅。

丁亥七月八日忆游白云山张良祠

圯桥流水再难寻，捧履殷勤济世针。
黄石授书真国策，刘郎举酒赐黄金。
残阳虎胆诛嬴政，黑月高风隐密林。
错字连篇新庙宇，雪泥鸿爪费沉吟。

感遇

半街车迹半街冰，一脉相思一脉灯。
执手蒙眬因薄酒，交心仿佛是良朋。
枝头突兀留栖鸟，野寺萧条坐老僧。
料得花开春雨后，如今世事恨无凭。

2009 年 1 月 7 日

穿扇

折扇穿成玉手扇，这头穿进那头偏。
指头不似檀香瘦，掌面无如月亮圆。
一阖一开无反正，逐凉趋热弄机权。

晴雯一笑红楼梦，费我闲情又几篇。

2009年2月4日

铁匠铺

村头树下土坯房，小锤轻指大锤狂。
肚里金汤分楚汉，掌中噫气断阴阳。
金人十二苍生福，铁佛三千碧海航。
蘸火吹风皮骨冷，无人解得热心肠。

2009年2月6日

饮茶

开怀小啜丽山茶，夜半双肩出嫩芽。
僻巷灯笼伤月色，床头钟表感年华。
看云种竹青崖鹿，作浪兴风碧海鲨。
琐碎浮沉成一醉，失眠应是待朝霞。

2009年2月18日

洗衣

冷水瓷盆手自搓，卫生间里放高歌。
澄清天下陈生辔，颠倒吴王越女萝。
具体而微青岱湿，因风出岫白云多。
一番蹂躏成旗帜，袖手旁观也么哥。

2009年2月25日

戏作

把酒临风自唱酬，如斯逝者肯谁留。
打捞终悔池中月，瞻顾难逃心上秋。
青杏涩酸蜂螫舌，白云飘荡鬼搔头。
贴天争似枪榆好，执意微茫苦作舟。

晚秋

天气分明正晚秋，心情未必怕登楼。
菟丝寸断应无恨，桂树盛开不是愁。
那惯荧屏频耀眼，却将彤管故搔头。

长空雁叫终无际，白日青天冷照眸。

2010 年 11 月 2 日

辛卯春节拜年诗

十分忙碌一分安，晦朔春秋已惯看。
不耐扶摇亲燕雀，曾经泡影梦邯郸。
浮云给力成神马，散卓生芽化钓竿。
谁有雄心谁忐忑，管他寅卯只加餐。

步听花堂韵

快绿怡红透小窗，香烟袅袅宕流光。
颜杨法帖风神古，李杜诗篇韵味长。
四海声名销莞尔，十方真幻化清凉。
新词次第挥珠玉，众鹤群鸿集画堂。

附听花堂胡秋萍女史原玉：辛卯冬阑编校《听花堂诗》
编校旧诗当小窗，孟春将至逐流光。
推敲一字心疲惫，明暗孤灯影瘦长。
时尚翻新风骨近，砚池犹暖世情凉。
霏霏雨雪添佳趣，谁共听花醉画堂。

奉和西中文先生《壬辰夏游无锡》

吴宫花草是耶非，孟夏鼋头绿正肥。
万顷银鱼争入眼，一枝红药暗牵衣。
伤怀月色泉流断，寻乐书声弟子稀。
范蠡乘舟归浩荡，空留白鹭故飞飞。

银鱼为太湖特产，此借指波光。二泉今只一潭死水而已，潭广不过一庹。东林书院有寻乐处，意在读书用世为乐也。

附西中文先生原玉：
莺歌晨幔透熹微，红药依栏瓣瓣肥。
四望花浓行碍眼，一庭树密坐牵衣。
东林坲雨今犹肆，锡惠甘泉古已稀。
极目鼋头三万顷，谁从浩渺见天机。

无题

一袖红尘一袖风，两肩牢落两肩空。
何堪种柳飘江汉，那得摩崖勒华嵩。
书意右军空画符，文心校尉只雕虫。

山重水复寻常见，成败无非造化功。

2012 年 5 月 23 日

和梅疏影先生

西园南亩两抛荒，无竹无庐号竹堂。
冷雨炎风销瘦骨，闲云野鹤误清狂。
参禅懒怠归三宝，临帖矜持恨二王。
伏颂瑶章香缭绕，双钩愧煞摹书郎。

2012 年 6 月 13 日

附梅疏影先生原玉：
笔耕一任世情荒，今有人哉号竹堂。
总为中心多古意，乃无旁骛养清狂。
落毫便欲垂千载，吸髓应怜到二王。
岂独笼鹅相换取，兰亭欲赚有萧郎。
2012年6月9日

和听花堂胡秋萍女史

飞鸟惊蛇幻抑真，天花乱坠意纷纷。
长安纵酒濡青发，汴水吟诗割白云。
莫道萧游成绝世，试看麒骥独离群。

华章奉和常怀愧，浸月先生笑献芹。

萧游：指萧娴、游寿。浸月，胡秋萍先生斋号。

附听花堂胡秋萍女史原玉：
夕写晨临梦未真，忽来诗兴意缤纷。
吸风饮露文添彩，浸月听花墨有神。
一缕清辉华发染，十方艺海法门寻。
何年万象毫尖聚，勃勃生机更胜春。

元日

洪荒宇宙固无私，睡起东窗日上迟。
旧历依稀成往事，新年次第数花期。
龙江老迈潮头白，岳麓萧森雁影疑。
玛雅预言遗笑料，天公又布一盘棋。

2013 年 1 月 1 日

壬辰除夕，牙痛难禁，癸巳元日稍缓，因成一律

无花无酒过新年，牙痛钻心暗握拳。
四纪荒唐逢本命，一番磨砺剩华颠。

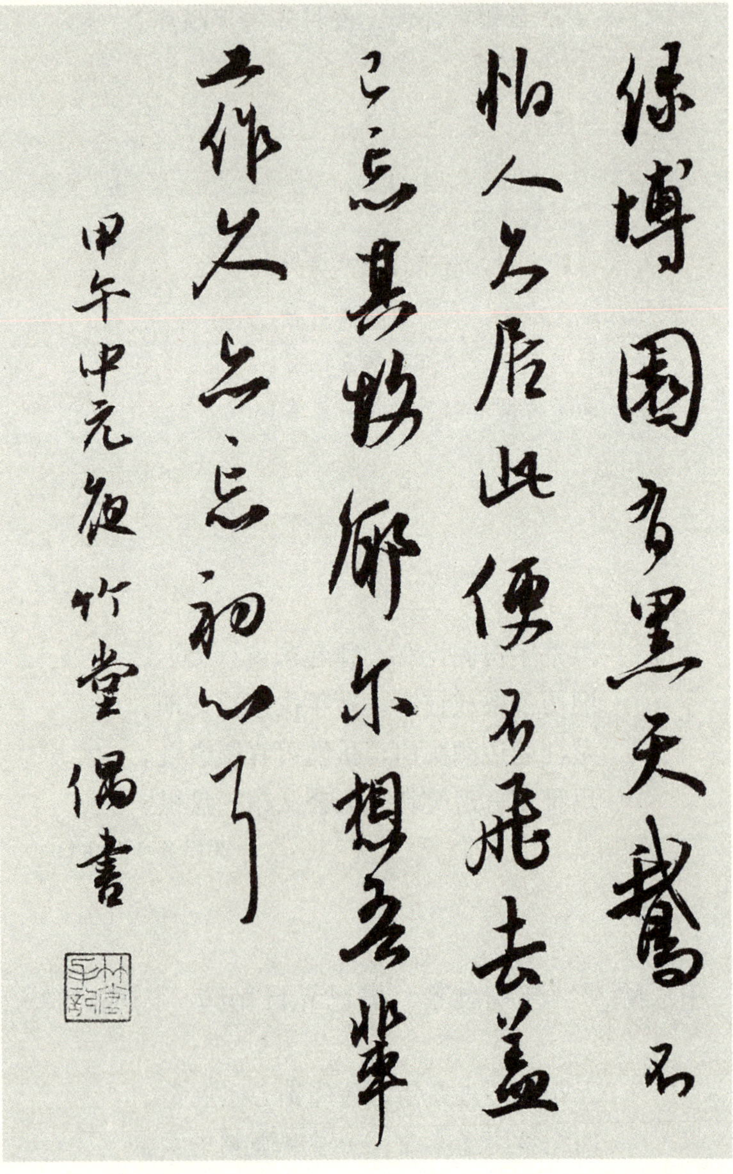
绿博园有黑天鹅君
怡人不居此便不飞去益
甲午中元后竹堂偶书

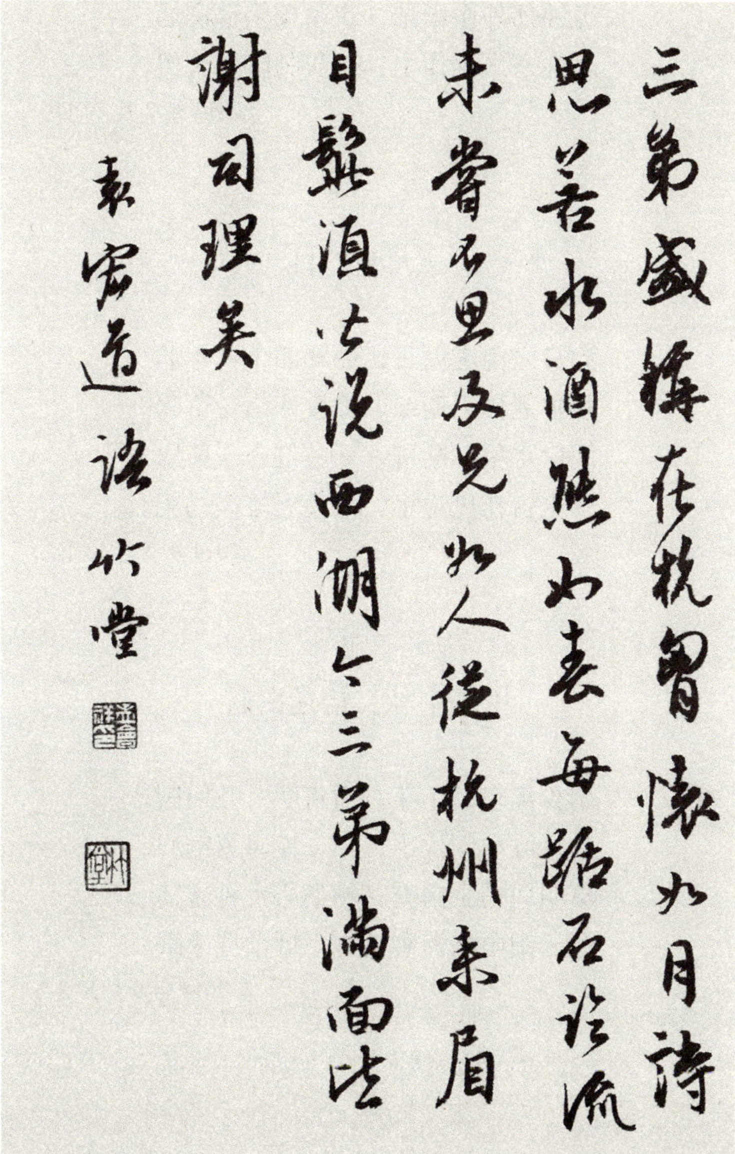
三弟盛称在杭习怀如月诗
谢词理矣
袁宏道语 竹堂

疏钟郊外偷山岫，快雪枝头逼柳烟。
暑往寒来谁作主，成灰腾雾任天然。

2013 年 2 月 10 日

三月十三日

此日之前虚度日，原知四十九年非。
垂垂老柳迟萌绿，叠叠寒山带落晖。
两岸青猿啼断壁，一枝红杏误柴扉。
今生合作风尘客，不羡五陵裘马肥。

2014 年 3 月 13 日

甲午中秋，恰逢白露

聚少离多二十年，清宵明月几回圆。
临行叵耐频挥手，归去无聊紧缩肩。
莫叫眉梢生白露，相期心上种青莲。
薄云细雨添凉意，灯下屏前应未眠。

2014 年 9 月 8 日

拟古风

古风别于近体，后世遂有种种规范，余实不能之。盖汉人不知平仄，后世作古风者，故别于近体，余又不以为然。然而人言可畏，因称拟古风，不贻人口实耳。

杂诗四首

道旁生野草，草名抓地龙。锄犁芟难尽，野火烧复生。有茎不向天，节节生须根。叶小如针芥，洒然自青葱。兰蕙本高洁，野莽自作英。欣欣此生意，肯与松柏争。铲镰摧何厉，牛马嚼有声。秋风扬尘土，飘飘五云中。

娟娟女其姝，自云美孟姜。头上绕绿云，裙裾兰麝香。明眸如秋水，善睐泻流光。十指惭柔荑，拈花拟采桑。莺语吐明珠，宛转静琴张。

忽来而倏去，荇藻水中央。鱼雁欲传信，宛在水一方。岭上多白云，黛眉锁故乡。

登彼令武山，紫石何嶙峋。蚱蜢撞青鞋，鬼蒜生孤坟。槐柳高且直，树梢生乌云。山头有古庙，列列排尊神。神灵苦不语，疾苦谁与闻。进香有野老,间或两三人。漱泉寒透骨,市远不知贫。山中无旅馆，古风依稀存。

燃灯灯如豆，灯中熬麻油。百年常作客，秋心合成愁。兄弟凋菊瓣，年华付东流。昨夜脱臼齿，今朝看白头。读书真无益，往圣不可求。作字画龙蛇,九涂不一留。般若波罗蜜,烂醉上小楼。烟花乱人意，息交乃绝游。

2008 年 2 月 21 日元宵节

杂诗二首

上山摘酸枣，酸枣高入云。酸枣若有待，不知待何人。一摘伤我指，二摘伤我身。三摘得酸枣，四摘伤我心。食枣一时酸，食枣一时甜。酸甜复不辨，禁口不能言。

大雨从天泼，泥深深一尺。冒雨行路人，执手相扶持。大雨不终朝，飘风难继日。何不待雨霁，但恐行路迟。从来道路长，从来行路难。行行重行行，去去何时还。

2008 年 7 月 16 日

拟古二首

萧瑟野田草，扶疏堂前柳。拂袖离乡关，不谓流宕久。心情多牢骚，落落无其友。放怀诉衷情，胃寒不胜酒。草枯柳梢黄，意气空所有。羞论逐风云，立言谁忠厚。即知来可追，平生志已负。

迢迢百尺楼，登临望八荒。涕下忽如雨，疚心怀高堂。依闾伫立久，朔风何茫茫。槐柳相婆娑，丘岭互低昂。望望不可见，游子正断肠。果腹万事足，陀螺正奔忙。古云不远游，今我在何方。康宁诚足慰，亦复可怜伤。

贫者行

吾贫不自觉，人却伤我贫。颜子在陋巷，此道不可循。自古人间世，贫富不同伦。富者乘高轩，贫者望其尘。肥马膘如油，瘦马骨嶙峋。天道本如此，谁将使之匀。苟能三餐饱，便是羲皇人。

2010 年 10 月 28 日

北风操

促织鸣不已，谷穗苦低垂。月色潜入户，黄叶伤离枝。北风割我手，因风怀我师。著作累年月，杀青定何时。息交以绝游，深山采华芝。烟霞来复去，杖履无相随。天道高难问，世路宁如斯。

2010 年 10 月 28 日

初春四首

烟花明复灭，爆竹使人愁。忧愁不可诉，身在几重楼。
正南望紫云，下见汝水流。我常忆汝水，汝水忆我不？
年关容易过，何时下扬州。

汝水，指襄城北汝河。紫云，指襄城斛坡山。

何事不成愁，令武未白头。春风殷勤甚，破冰见清流。
流光容易掷，薄游成久游。飞鸿不可期，雨夜问孤舟。

令武，襄城山名。薄游成久游，李白句。

乡曲鸟声厚，城市星辰稀。夺命穿车流，霓虹照淄衣。
偎炉剪烛红，素心仍如雪。梅花开未开，试问窗前月。

唯君知我心，相交淡如水。世道逐炎凉，古今皆如此。
倜傥闹市中，沉静春风里。相忆肝肠热，幸有二三子。

2011 年 2 月 21 日

桐花凤

桐花忽然开，花间来飞鸟。虽有五色翎，竟如指头小。未曾薄青天，但将云鬐绕。淳于因酒醉，司马以琴挑。当时切切语，外人那得晓。前世何荒唐，今生情未了。苦恨东风迟，奈何三月少。落红成春泥，池塘波淼淼。延颈空伫望，烟雾锁林杪。

2011年5月15日星期日

木槿

小区道旁颇植木槿，去岁开花繁盛。今年生虫，都不见骨朵。感赋。

去年花满枝，今年虫吐丝。千缠复万绕，憔悴竟如斯。唯闻虫喧哗，不见绿参差。骨朵尚未吐，忽然成死尸。运命唯所遇，天地谁能私。对花感浮世，濡墨赋新诗。草木有本心，应解作者痴。

2011年5月25日

辛卯中秋阴雨无月

今人不看月，月亦不照人。宁照名利客，不如照灰尘。管他谁家富，管他谁家贫。富家忧宾客，往还车辚辚。腮边凝微笑，算计掷白银。贫家各天涯，打工正逡巡。所为盎中米，以及灶上薪。物价秋水涨，一轮又一轮。骂声刚停驻，美酒又沾唇。慷慨唯短信，拇指转发频。嘀嗒一声响，天涯若比邻。虚语相欺诈，风俗再不淳。扪心看长天，苍茫而无垠。但愿皎皎月，从此永沉沦。

2011 年 9 月 12 日

答清扬二首

诗人清扬君有诗相赠，感而答焉。余不知诗，正以弹棉花之声，以报韶英耳。

登彼太行山，寂寂看云起。羲和弭其节，余霞散成绮。嵩岱神色寒，九曲咽河水。天风摇羊角，浮沉水云里。谁与相公痴，竹林闻鹤唳。今学只为人，古学良为己。千秋离骚心，不过余一纸。太息以掩涕，聊复亦如此。

美人在空山，云岫低复起。青萝拂裙裾，着花燃成绮。皓齿羞冰雪，眸子清如水。溯洄不可近，缥缈绿波里。幽谷彩凤舞，林梢清鹤唳。琴声挑长风，黄花酬知己。古来倾国色，命薄竟如纸。湖上寄啸傲，达者当如此。

附清扬女史原玉：《孟会祥先生为书诗钞册页，录拙词十九首，赋此致谢》

美人在空山，空山云复起。空翠湿罗衣，倚风漾成绮。回雪化松烟，惊鸿照砚水。兰麝掇精光，笔峰云水里。剡藤飞凤舞，溪石清鹤唳。神踪出吴越，笔法留会稽。胸次无纤尘，风流无二纸。君书真清华，空明亦如此。

种榆二首

当年种榆钱，出芽苦不早。枝叶含羞涩，高低没杂草。忽忽三十年，榆树龙钟老。晚风知天寒，落叶无人扫。松桧虽千尺，终将就枯槁。荣枯固有常，青春安能葆。行乐须及时，何事种烦恼?

当年种榆钱，出芽苦其小。风沙一何多，雨露一何少。枝叶忽婆娑，霁色明林表。树下有幽人，树上有青鸟。幽人弦且歌，目送飞鸿渺。重来榆树下，明月何皎皎。不见树下人，心事谁能晓？

2012 年 8 月 11 日

美人何幽独

美人何幽独，坐对镜湖水。湖中一汪碧，映上双眸子。试问行路人，两者孰与美。美人湖之妹，湖是美人姊。尤物双照耀，销魂宁如此。

2013 年 1 月 6 日

家书

负笈别故庐，思乡愁煞予。南窗深伫望，禾稼定何如。每将千行泪，迢递寄双鱼。先父忧我懦，封砚只荷锄。四年复一纸，犹是倩人书。一夜三回读，窗隙飞冰蜍。

2013 年 3 月 7 日

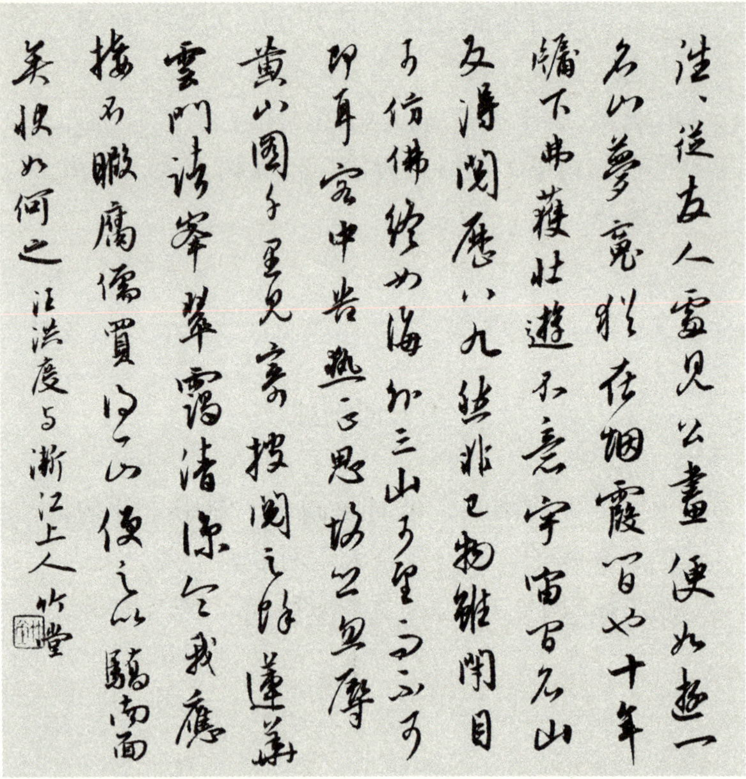

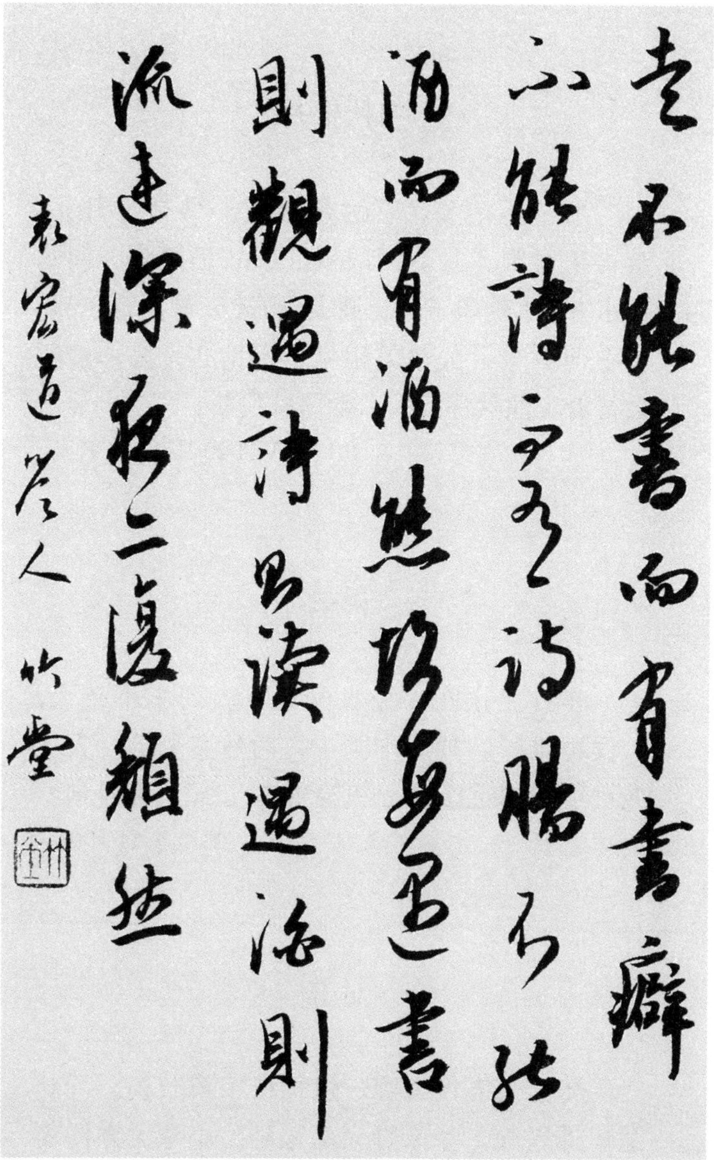

中秋望月

平日不抬头，若为琐事绾。纵有望月心，难得望月眼。月节回故乡，亲故仍把盏。偶尔望东方，冰轮印玉版。酒上我眉红，雾浸月色赧。今夕何夕兮，久违乍相见。相见亦无言，清露数行潸。油然怀故人，微信聊代简。

2013年9月20日癸巳八月既望

误车

昨日已误车，今日又误车。列车不待人，一误再难得。独立细雨中，油然感寥落。人生无百年，世事如穿梭。机缘皆有以，错失能几何？

2013年11月24日

对雪

癸巳无雪仅有霾，依稀楼宇辨长街。马路塞车排尾气，莽原野火焚稻秸。小寒大寒浑不泠，其年其月苦相挨。甲午正月初五日，初雪姗姗落空阶。一夜风紧吹鹅毛，千树万树白丝绦。郊原平荡隐艾蒿，长河呜咽失滔滔。佳人留影弄时髦，儿童争战拟孙曹。雪丸入怀凉如刀，夜深闭门读离骚。古来诗人皆无谓，可怜瘦骨酸腐味。抢地呼天哭号啕，横眉白眼藏腹诽。当时徒令亲故畏，身死方凭文字贵。纵使出将复入相，果能致君尧舜未。掩卷无由长太息，灯光乍闪眼前黑。雪化无声生泥污，泥溅白雪如著墨。学诗学书两可笑,诘曲聱牙误平仄。八法何曾一钱值，书了直幅书横幅。雪不待人终消散，无可奈何长恻恻。

2014 年 2 月 8 日

悼朱新建

2014年2月10日凌晨2时23分，朱新建先生逝世。余在微信见消息，问张胜确否。张胜曰："真。难受……"已而又回短信曰："大天才，大宗匠，最后一个文人画大师，以生命写画，方寸间悲欣尽见，以一人之真洞见时代病象与人世虚妄，终极苍凉，大星陨落，伤悲！"余闻之戚然，因作歌。

大丰朱新建，大笔画美人。兰汤洗凝脂，

朱砂涂肥唇。见者难自持，睥睨惹风尘。论画以形似，见与儿童邻。俗匠徒媚俗，宗师只写神。格物契妙理，触手乃成春。毁誉付一笑，艺事但率真。智者逞其智，仁者怀其仁。吾友张胜利，论艺精且纯。赞扬恐不备，拟以大星辰。奇崛凌齐黄，并世罕其伦。方寸尽悲欣，汲古复开新。哀哉寿不永，大雅忽沉沦。将来画史上，相知能几人。

2014 年 2 月 10 日

老马

荒原有老马，其瘦只剩骨。烈风吹黄沙，苍鹰乍飘忽。流汗云梦泽，饮水长城窟。平生何所为，天涯竟奔突。兀立深伫望，望见上弦月。

2014 年 3 月 30 日

三月十五日清扬寿辰，口号以贺

半生半作客，多愁多病身。可怜三月望，谁共一湖春。青条舞闲岸，红萼坠芳茵。江山何妖娆，款段竞依人。妆成浣纱妒，诗看容膝亲。

冰轮相映照，清辉两嶙峋。

2014年4月10日

邂逅

八分是邂逅，两分是相值。相逢不必早，分袂但愿迟。

2014年5月7日

青女

历历新生竹，剥箨见嫩青。三日高三丈，欣欣以向荣。竹下立青女，青衣何伶俜。回眸绽巧笑，涟漪荡青萍。幽怀何所似，孔雀闲梳翎。

2014年6月26日

记梦

黎明乍醒又入梦，梦中依稀涉卫河。河畔仍是旧庠序，楼宇参差斗嵯峨。当年弟兄不得见，芳丛处处美人多。天风怒号摧城郭，花木枯死飞大漠。搔首白发乱披散，青春不返泪空落。残垣断壁新月斜，心事浩渺闻悲笳。梦觉犹怕寒不支，热浪滚滚吹窗纱。

2014 年 7 月 26 日

白蕉女公子何益玲先生猥赐简翰，感赋

锦书飞来妙好音，两代高情惠泽深。我仰复翁如北斗，亦似复翁于山阴。恩墨仇纸恣逸兴，餐霞饮露发清吟。风流不减旧竹林，一瓣兰花证初心。山崩地裂白日沉，海角天涯气萧森。牛鬼奔窜万马喑，铁砚残墨空沾襟。白发浑欲不胜簪，多病多愁抱孤衾。苦酒泠炙独自斟，浊世滔滔谁知音。吾道东矣君奈何，无人愿听爨下琴。先生仙游四十载，片楮只字胜黄金。海内群彦争传习，仰高钻深苦追寻。今逢七月七，少年纵欢歆。我亦愿乞巧，怀君思难任。愿为走狗我岂敢，只是仰止行止情不禁。

2014 年 8 月 2 日甲午年七夕

词

浪淘沙　周末

窗外市声喧，秋意阑珊。重阳已过只轻寒，性僻畏人长作客，独自清欢。　　无事乍凭栏，极目云天。作书长恨古人难，随意挥毫随手掷，附与流年。

临江仙　遇雨

乍起乌云来骤雨，滔滔马路沟渠。长街尽是美人鱼。谋生真不易，满地是江湖。　　裸足微波甄后梦，闲情一霎欢娱。荷花清处是归途。相知何必旧，能饮一杯无？

2010 年 8 月 20 日

相见欢　手植文竹凋零

秋风乍起江滨。是非身，晚境清凄，无奈竟沉沦。　　灯如豆，人空瘦，夜幽深。不识来年，何处觅青茵。

2010年11月3日

卜算子

琴韵出孤桐，夜半人初静。如水年华月影中，暗暗蔷薇径。　　花谢恨东流，月落风犹定。一曲新词独自吟，叵耐清宵冷。

2010年12月23日

长相思

涨无痕，落无痕，绿浪闲情谁与论。斜阳垂钓纶。　　画中身，梦中身，叵耐葵花逗美人。恁掀红布裙。

醉花间　中秋短信

深相问，浅相问，相问中秋近。千里共婵娟，杯酒诗情趁。　　阴晴无定准，聚散随缘分。江河日夜流，仿佛回音信。

忆王孙　个园看竹

丁丁个个翠园深，怪石峥嵘割彩云。　　丝管悠悠白日曛。恁寒温，风骨铮铮剩几分。

2011 年 11 月 3 日

忆王孙　望乡

昏昏噩噩此光阴，道是还家空醉吟。　　望断桑林蔽远岑。结愁心，清露幽幽已满襟。

2011 年 11 月 3 日

蝶恋花　游园

忍把新词书断壁，照影惊鸿，衰柳临风泣。病酒伤花成嗜癖，叮咛冷暖凭谁寄。　　潦倒生涯原是客，惨绿愁红，漾漾沉潭碧。最是荆榛偏绕膝，斜阳袖手人空立。

眼儿媚　雪

纷飞无计任飘零，命运总堪惊。因风飞絮，撒盐譬喻，都付闲情。　　皑皑皎洁淤泥恨，啜泣细无声。梅花开否，新醅熟未，独坐青灯。

玉楼春　江干即景

绵绵柳絮纷纷下，翠筱黄莺争入画。风筝纤手弄晴柔，软语吴侬香满榭。　　美人曾在秋千架，明灭疏篱飞彩帕。荻花犹忆旧萧萧，辜负春江花月夜。

2012 年 5 月 23 日

踏莎行

淡酒沾唇，清光上鬓，一钩新月三旬恨。虫声还透绿窗纱，可怜红烛成灰烬。　渐远驼铃，惊寒雁阵，芳心苦楚凭谁问。劝君珍惜眼前人，有缘只怕终无分。

2012 年 11 月 1 日

鹊踏枝　宿山城，雨朝见村姑卖栀子花，用溪月先生韵

夜雨山城频把盏。绿树婆娑，初夏红灯软。无赖流苏风一剪，黄莺不教辰光懒。　一担清芬心半卷。露滴盈盈，看湿佳人眼。各自皎洁勤慰勉，飘零不教他人管。

2013 年 6 月 21 日

鹊踏枝　戏为

望帝春心红委堕。志在青云，竹剑枉垂个。老却英雄空晏坐，琵琶偏奏东风破。　世事原

来无不可。不问阴晴，只把芳辰贺。吟啸登临休共我，黄粱一枕成高卧。

2013 年 7 月 2 日

鹊踏枝　戏答溪月先生

栀子椿芽同馥郁。颠倒流年，都怪山城宿。中圣重排香艳录，纷纷次第眉双蹙。　　酣醉芳丛犹未足。倚翠偎红，只怕青春促。竹影轻摇风簌簌，柔肠百转闻仙曲。

2013 年 8 月 11 日

喝火令　答友人

菡萏摇芳露，分明夏已深。满塘翠叶动人心。燕子悄然飞去，无处可追寻。　　一阕风花词，三重雪月襟。令姿猗靡思难禁。宁愿神伤，宁愿久消沉，宁愿在眉为黛，鬓角待清音。

2014 年 2 月 12 日

定风波　答溪月先生兼次韵东坡

梦里黄粱纸上兵，憨痴不必问君平。过客生涯犹暂住，归去，芭蕉深处一泓清。　翠袖金樽添懊恼，谁道，琴声诗帕任多情。十万狂花吹絮乱，争看，伽蓝隐约透钟声。

2014 年 3 月 19 日星期三

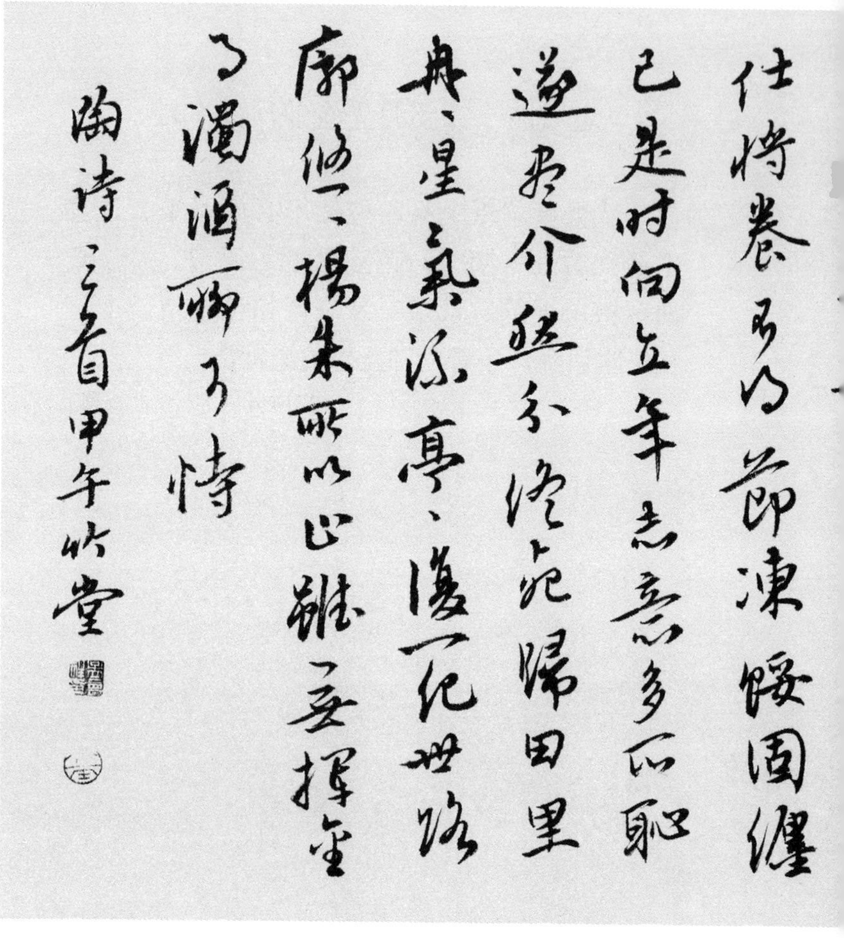
仕将养不得节冻馁固缠
己是时向立年志意多所耻
遂尽介然分终死归田里
冉冉星气流亭亭复一纪世路
廓悠悠杨朱所以止虽无挥金
事浊酒聊可恃
陶诗一首 甲午 於堂

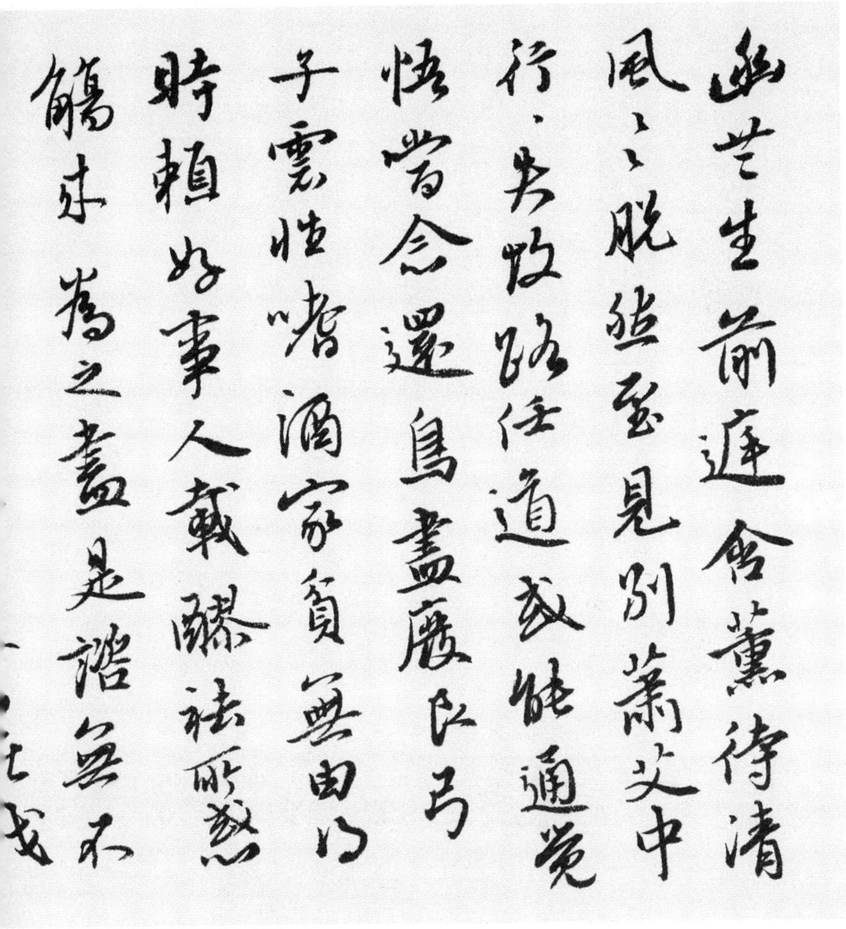

幽蘭生前庭含薰待清
風〻〻脫然至見別蕭艾中
行〻失故路任道或能通覺
悟當念還鳥盡廢良弓
子雲性嗜酒家貧無由得
時賴好事人載醪祛所惑
觴來為之盡是諮無不

无题

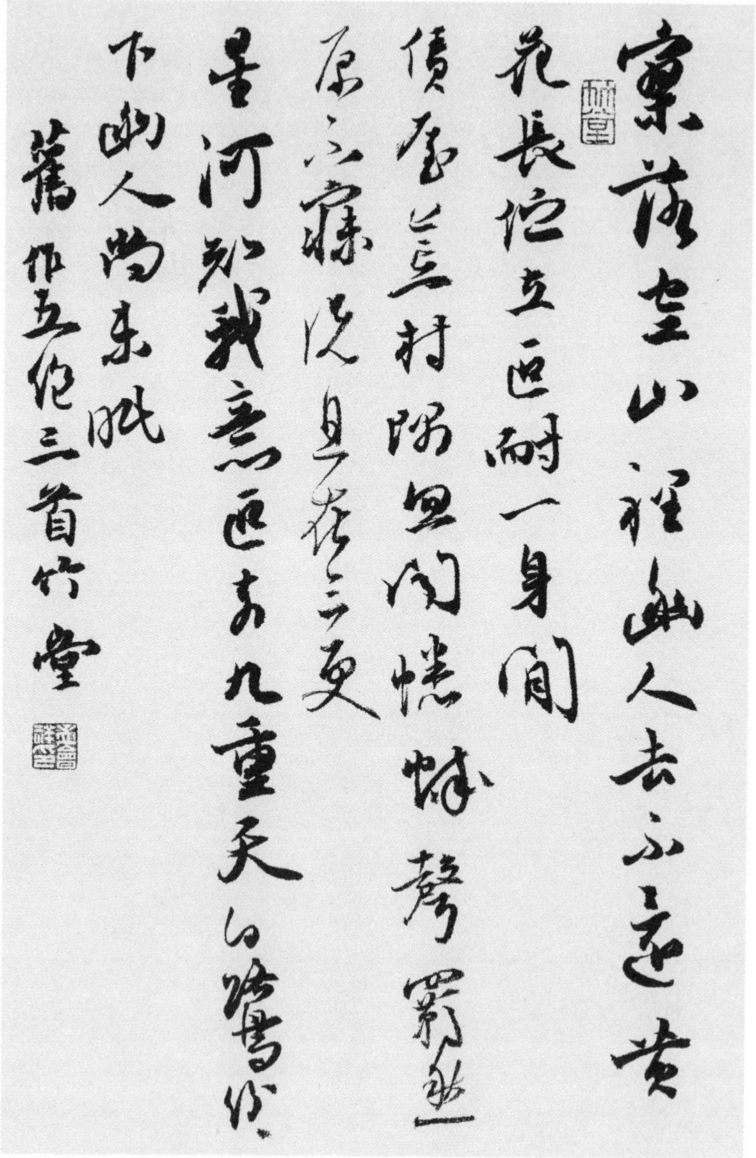
舊作五絶三首 竹堂

无题，自2005年1月17日，至2008年9月17日，阅四十四月，得一百首。近年渐已向古，飞絮沾泥，读如是文字，乃不知所云。屡欲一键清除，而终于不忍。转念今生今世，如许情愫，已不可再矣。

1

裸足走过沼泽，心却生出老茧。

2

我正在期待吗?
我没有期待吗?
一枚树叶，舒了又卷，卷了又舒。

3

如果没有伤口，我不知道我能够忍受疼痛。
当我看着伤口时，伤口也看着我。

4

冰湖上，丝丝吐出热气。
那是地心的温煦。

5

我不经意地守着窗子，你不经意地走到窗前。
你静静地走过窗子，我静静地看着蓝天。

6

当我掠过夜色时，星光洒满双肩。
当我掠过尘世时，双肩洒满流言。

7

如果我是山峦，你是云岫。
如果你是云岫，我是眷恋。

8

风吹过树，树为风留下了。

9

河流是痛苦的，因为岸。

10

每当看到太阳升起，我相信，我是幸福的。

11

星星有光，却照不出我们的影子。

让我们各自守护着孤独，守护着漫漫的长夜。

12

坐在飞驰的列车上，掠过无数的风景。

我知道，什么样的风景都留不住我。不，是什么样的风景，我也留不住。

没有车站，何处是归宿？

13

当落叶飞进山谷，当太阳落入海洋，我站在地平线上。

我站在地平线上，而落叶飞进山谷，而太阳落入海洋。

算了，什么也别再想。

14

在这不眠的夜里，我守着夜，夜守着我。

我不知道，是我因为夜而沉思，还是夜因为我而漫长。

我将沉默。

15

我不属于夜，夜也不属于我。

我属于夜，夜也属于我。

并不拥有的拥有，并不温存的温存，因平淡而永久。

16

我将堕落、沉沦。

在没有风的时候，渴望随风漂流。

17

如果风雨注定要来，如果霜雪注定要来，

那么，就让荷花与荷叶以舒展的姿态，定格在池塘里。

让我们珍重。

18

其实我什么也没想，其实我什么也没做。

我所怀抱的，只是一份心情，一份永恒。

而这份心情，这份永恒，你懂。

19

如果我期待月光，月光会照在我的手上。

当月亮沉沉睡去的时候，我打开手，又看到月光。

只有月光，让我酣醉，让我荡漾。

20

即便摔得很痛，我还会一无反顾地扑向苍茫。

海浪不可能离开海洋，而海洋不可能没有海浪。

潮涨潮落，无休无止，有时沉静，有时疯狂。

21

有些感觉，并非少年人才有。

有些事，中年人欲说还休。

22

有些冰冷的湖面，总是覆盖着坚冰。

有些潺潺的春水，总是涌动着温情。

23

如果我能够站在辽阔的原野，我将喊出让全世界都能听到的声音。

然而我站在全世界的人们中间，却默不作声。

24

你爱我吗?

不，我不会去问。

25

我爱你吗?

不，我不敢去想。

26

当漫天的麦苗染绿大地时，当温暖的风吹醒山谷时，我陷入我自己。

我不知道，凭什么救赎。

27

多想，重走早已荒废的小路。

多想，重温儿时稚嫩的游戏。

28

最是那未曾出唇的叮咛——雪落无声。

错过了今世，

只拥有前生。

29

季节从不曾迟到，迟到的是梦。

30

在一瞬间,我手握着馨香的世界。在一瞬间,心跳如鼓。这是不是遥远的期待?

在一刹那,我松开了整个世界。在一刹那,我站在重门之外。急匆匆地行路,却成了徘徊。玻璃上全是反光,然而我固执地想看到窗外。

松一松手,还你一个世界。

31

最是那无意的一瞥,已包含了万语千言。

什么都不必说,你懂,我懂。

32

曾想过去领略千山万水,或者,一起荡一荡秋千。

或者,只是擦肩而过。

而我,会把一分一秒,梳理成千年万年。

33

即使雪消融在我的手中,我还会呵护不止。

冰冷的世界里,怎么能没有温暖。

34

漫不经心的一声问候,刹那间弥漫心田。

寂静的荷塘里，升起莲花瓣瓣。

35

如果误会也会美丽，我愿拥有误会。

我愿把飞溅的尘埃，看成彩虹。

36

我与风并行，缓缓走在时间里。

我的脚印是绿色的。

37

当你离开我的视线，时间缭乱。

我看到空空的杯子。

38

想起来民歌的旋律，那么熟悉，又那么遥远。

唤醒一些早已沉睡的情绪，那些早已沉睡的期盼。

39

一种激情，悄无声息地汹涌。

拥舞的火焰，烈烈地升腾。

40

静坐在阳光下，这些阳光啊，照着时间的流淌，照着空间的无穷。

那么，就让我像阳光一样安静。

41

我从喧闹中归来，回到空白的时间。

可以打发掉这流淌的光阴，却打发不掉这凝固的心情。

42

我见到一个人，他说，他会像动物一般凶猛。

世界也许总是这样吧，说它温暖它就温暖，说它血腥它就血腥。

43

那些潮水是水中的强者，拨开同伴，奔入了大海。

那些缓缓流淌的小溪，让过同伴，最后也流进了大海。

44

如果有那样一个机会，儿时的玩伴聚在一起，互相夸耀成功。

我愿悄悄走到窗外，失声痛哭。

45

我常常在似梦非梦间，觉得自己被腰斩了，裁为两截。

我不知道，我该怎样守护，怎样复原。

46

如果人生有味，那就慢慢去品尝。

如果爱情无果，那就悄悄去欣赏。

47

太阳落山，太阳还会升起。尘埃拂去，尘埃还会沾上。

水中荡起涟漪，波纹还会弥合。波纹已经弥合，水中还会荡起涟漪。

48

那些层层叠叠的花朵，不知诉说着多少柔情。

那些曲曲折折的道路，不知陈述着多少故事。

49

剥开花瓣，花蕊是纯净的。

打开心房，心事却如何读懂。

50

我就这样写了，任你去猜，任你去说。

51

你在哪里？你在做什么？每时每刻，我都在这样呼唤。

在思念沸腾的时刻，学会了沉默。在长长的沉默中，习惯了思念。

52

转眼之间，太阳从东边，走到西边。

无论如何，太阳从东边，走到西边。

有些事情，却没有轨道。

忽然在左边，忽然在右边，忽然在前边，忽然在后边。

53

在过了中午之后，感觉饿了。

那些灿烂的阳光啊，飘得远了。

反刍过半生的情缘，有些累了。

这块相识的麦田啊，绿得深了。

54

在想打电话的那一刻，我快要到了。

在接通电话的那一刻，又离得远了。

有些话总是，说不出口。

有些话最好，锁在心里。

55

因为回头太猛，头发一下子白了。

天上飘着雪，就像很久很久以前一样。

就在回头的那一刻，看见了孔雀。

它张开七彩的屏，严严实实地遮盖着冬天。

56

我仅仅揣着一颗心，到一个陌生的城市。在这个陌生的城市里，我看到过无数个女人。

这个城市与所有城市一样，有很多水泥。这些女人有共同的名字，叫作美丽。

多少年以后，我被城市弄得，也很城市。

多少年以后，那些女人们，仍然美丽。

这个城市永远都不是我的城市，而这些女人却使我也很美丽。

57

一阵风刚刚吹过，那些路旁的柳树，生出绿色的心事。

一阵风刚刚吹过，那些小溪的流水，唱出响亮的音符。

一阵风刚刚吹过，温度就蹿了上来，鼓舞心脏的跳动。

一阵风刚刚吹过，我等这暖暖的风啊，像等了整整一个世纪。

58

我通过曲曲折折的屋子，听到你宋词一样的心事。

59

好像不太留意你时，其实我想拥抱着你。

60

每个夜晚，都是黑的。

每个眼神，都是亮的。

61

有些人，有些事，有些时间，有些心情，是一生经历的顶点。

层层叠叠的一生，是这些事，这些时间，这些心情的铺垫。

62

你来的时候，拈了花蕾。

你去的时候，开了海棠。

你来的时候，亮了烛光。

你去的时候，种了芳香。

63

听到花开的声音，触到柔软的花蕊。

潜入你的呻吟，溶入你的柔软。

吮吸着你的吮吸，喘息着你的喘息。

花开的声音点亮了满天星星，柔嫩的花蕊把我们握得很紧。

64

短短的一段时间，就能让我觉得恍如隔世。

那些落花流水的故事啊，怎么会随流而去。

65

我们要分别了，我们对天发誓。

我们又走到一起，我们再一次发誓。

66

如果，牵挂仅仅是一个电话，一个短信，缩回了，手机上的手。

如果，思念就像是一个电话，一个短信，穿过时空，到了那头。

67

我想，我无法面对所有的目光。

或者，我看所有的目光都妩媚。

68

就在一霎那，我们都变了。
就在这无始无终，我们诠释着永恒。

69

没有点着烟，一直到火柴烫伤了手。没有找到路，一直到小路的尽头。
时间在我身边，哗哗地流过了。
你在我身边，依然美丽着。

70

当诗写到一半的时候，不知道为什么停了下来。
再续上的时候，诗已经没了水分。

71

你如孔雀般开屏，在每一刻，每一个位置。
我沉浸你的美丽，在每一刻，每一个位置。
我们如孔雀般开屏，在每一刻，每一个位置。
在这一刻，这一个位置，我们无所顾忌地美丽。

72

你如此皎洁地，将我包围的那一刻，我如此沉酣地，溶入你的鲜艳。

你用丝一般的缠绵，把我变得柔软，我用水一般的柔软，与你缠绵。

73

我们相约，在最精彩的那一刻，像季节那样，剪断时间。

我们可以剪开季节，却剪不开温度。

74

直到现在，还是叫不出你的名字。

不断变化的昵称，却没有理由。

75

我们不断编织着花环。

一朵朵鲜花，缀满眼帘。

76

我们牵着手，化为两片云朵。

无数的蘑菇，吐出圆圆的祝福。

77

听到，那些褪了色的声音，泪水，怎么能不夺眶而出？

窗外的雨，喊着你的名字。

那些旋涡，折弯了身子，要到哪里去？

声音早已嘶哑得，像喧闹的城市。

78
如果你悄无声息地走了，我就悄无声息地祝福。

79
水升华那一刻，会疼痛。

80
当鱼潜入水底时，一片空白。
但愿水底里，飘满云彩。

81
像茶叶那样，折皱，舒展，湿透，懒散于杯底，犹如无梦。
像茶叶那样，风干，揉碎，飘零，无影无踪。
酽了一杯茶，啜饮一生。

82
有时候，宁愿把相见变成思念。
只是为了，很长时间后的，很长时间。

83
不知有多少事，让我们追问。
而答案，是一声叹息。

84

不知不觉间，我们患上了同一种深深的病。

85

只有在沉静的海边，才知道什么叫安详。
只有在咆哮的海边，才知道什么叫力量。

86

曾经心跳的句子，像有一面镜子一样，让我常常，自己看看自己。

87

在指尖与指尖间，在体温与体温间。
在呼吸与呼吸里，在梦境与梦境里。

88

草站在草原上，踮起脚，看不到草原的尽头。
一种怅惘，在肠胃里迷路，找不到方向。
目光垂垂地落下，柳条摹仿着，飘飘的姿势。
手机接通的那一刻，突然震动，弄疼了神经。

89

一整块的空虚，叫作天空。

一整块的水泥，叫作城市。
一整块的无奈，叫作人生。
一辈子的守望，叫作爱情。

90
雨来的时候，伞全打开了。
任凭雨淋的人，有打不开的心事。

91
当太阳落下，向日葵低头不语。
星星飞上天穹，却盈盈欲滴。

92
眼光偎着足音，足音却穿不过真空。

93
有些路，没有路灯。
有些雨，没有雨声。
有些事，只能讲给自己听。

94
即使彩虹是桥，桥头却没有月亮。
即使心碎了，心事还放在心上。

95

今生说，如果有来生。
来生说，如果有来生。
于是，老了。

96

曾经的誓言，早已枯萎。
这样的夜晚，合上睫毛。

97

那些写在水上的诗句，你记得吗？
那些画在雾中的甜蜜，你记得吗？

98

当你泪下如雨，我真的疲惫难忍。
当我泪下如雨，你仍在泪下如雨。

99

蔷薇还在生长，而天空早已受伤。
玉米垂下叶子，果穗空空荡荡。
蟋蟀伸开触须，找不到家的方向。
寒露悄无声息，浸透心房。

100

我就像，玻璃杯子，碎成无数碎片。

每一片上，都有红唇的印记。

猩红的疼痛。

透明的心事。

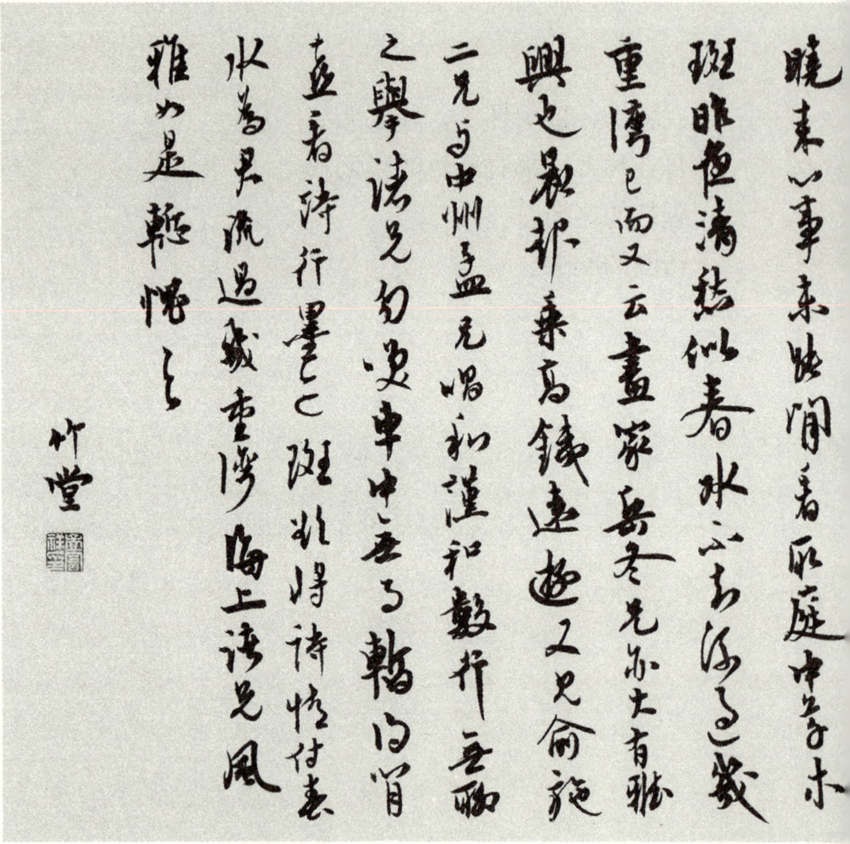
竹堂

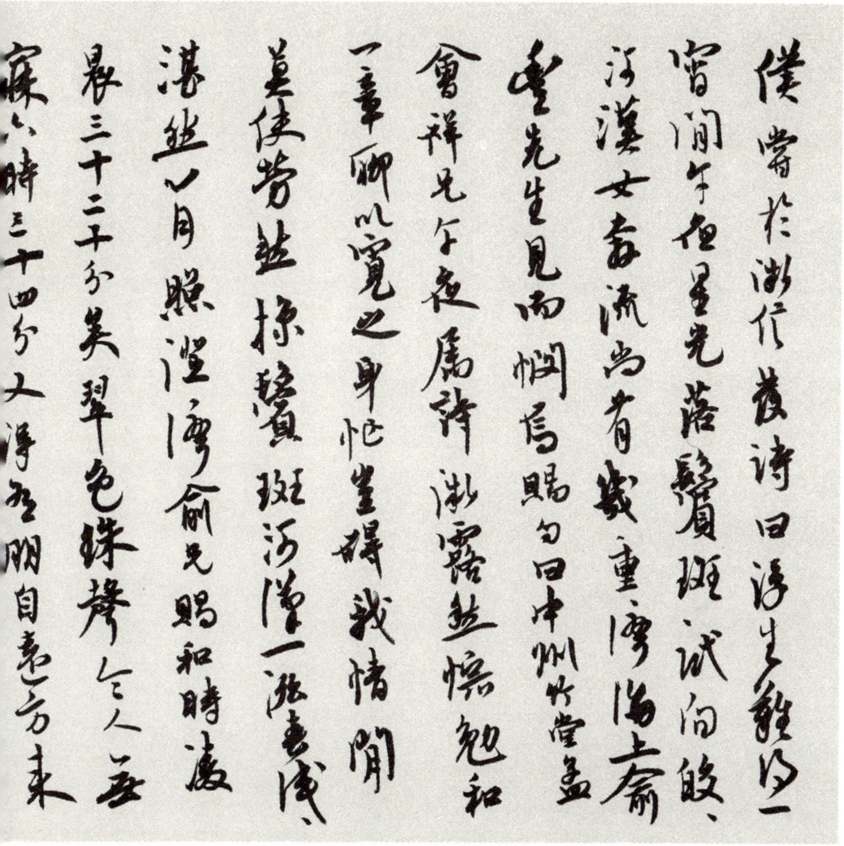

花迹

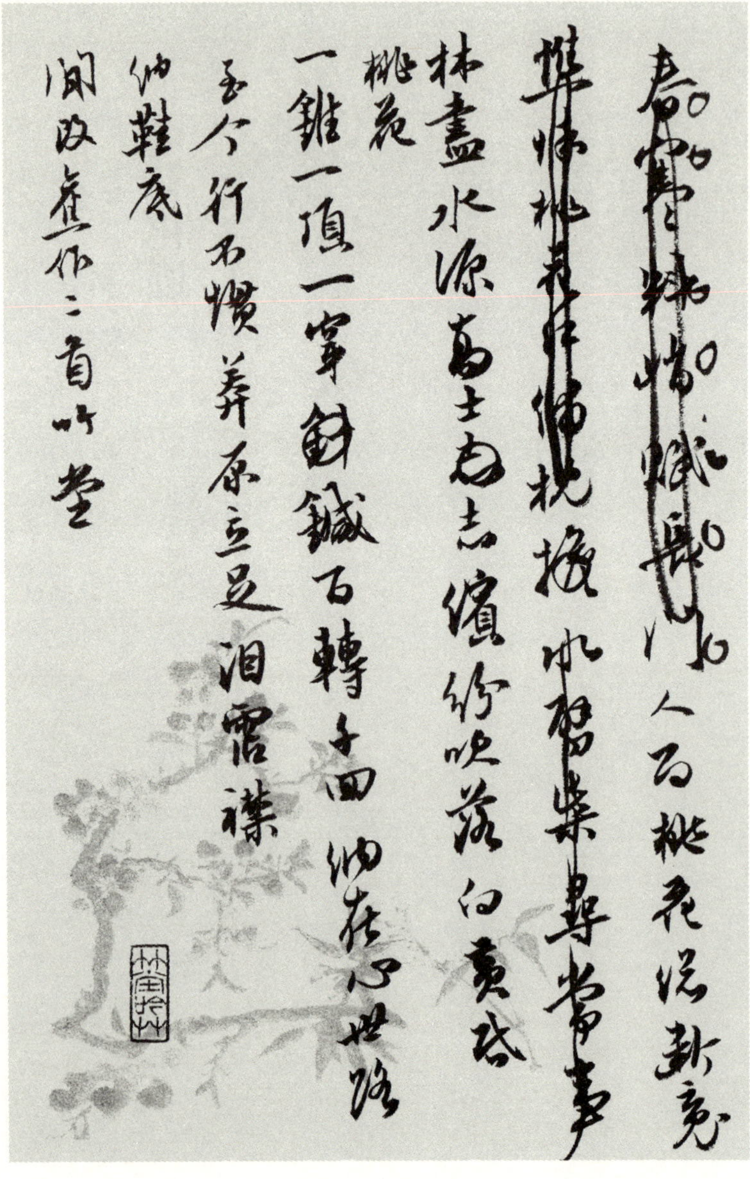
春雨林塘蝶眠處人道桃花流數竟
柴門桃花伴枕擾水榭尋常事
林盡水源高士志繽紛吹落白雲堆
桃花
一錐一頂一穿針鍼不轉千回細看心世路
至今行不慣弄原立足泪霑襟
納鞋底
閒改舊作二首 吟登

花迹

遇见你，就像找到了我自己。

这种感觉莫可名状，永远陌生，却又熟悉。

你像一片云，从辽远的天边飘来无边的温柔。

我为你潮湿而低垂。

一切都是缘分，一切都是伤痕。

如大雁之于秋风的迷恋，如海潮之于礁石的偎依。我们以童话的笔触，相互烙下甜蜜的伤痛。

我是你的梦，你也是我的梦。

在最深挚时，在最飘零时，我们将感受觉醒的凄清和美丽。

其实，忧伤是一种享受，像最后的红叶，招摇在我们的边缘。

你说，我走了。就带走了一切。

在最深的夜，我冷。用沙哑的脚步，敲打着幽深而眩目的胡同，夜却用冗长的回声，贴在我的心上。没有风。

你的到来，总是被我盼来的。

因为我无时无刻不在盼望着，像守夜的星星。

你的离开总是来不及告别，像是匆匆穿行，人在风中。

春风沉醉的夜晚，我拥抱着你。

这是在飞翔，这是在栖息。

我想用炽热在你的身上烙下印痕，然而你是风，呢喃着却消逝了。

你说，不懂感情是可怜的，太懂感情又是痛苦的。

其实，我不后悔。

你留，我疼着你。

你走，我惦着你。

速写

1

何其多的房子，都住着应该住的人。

何其多的人，在寻找能够住的房子。

2

街道旁的冬青，其实是利剪的痕迹。

五颜六色的人群，又是什么痕迹？

3

人工的睫毛、双眼皮、红唇、处女膜。

她们从时装杂志走出来，不轻易笑，怕擦出铜版纸的折痕。

4

自行车里塞满了壮阳广告。

我们被诊断，并在街道上示众。而城市却更加饥渴，一手扪着下体，一手挥舞成肉艳的旗。

我们无力拥有，只能拥有拥有的渴望。

5

远方的朋友来信了，她寄来一张白纸。

我的回信是沉默。

心早已没有触角，而生满老茧，只感受隔膜。

友谊像硕大的气球，我们吃力地攥在手里。

《马太福音》说 :“如果有人敲门，给他开门。”然而，无人叩门。

6

沙尘暴劫持了天空，门窗紧闭。

桌面上密布着逼真的木纹。

心跳在有意无意间摹仿闹钟。

我在回忆，那些星光耿耿的日子。

花事

1

你在飘，我围绕着你，画完年轮。

2

忧郁留不住岁月，正如灯光照不亮梦境。

3

花是宁静的蝴蝶，蝴蝶是翻飞的花。

4

四月的风啊，是否读懂我的目光，已是落红无数？

5

青春在青春的季节，喷薄成花团锦簇；飘零在飘零的岁月，可涩酸成了果实？

6

如果绽放，那就像流水，像风，像寂静；如果凋落，那就像流水，像风，像寂静。

7

花应该眷恋沉默的大地，就像鸟皈依无际的天空。

8

那就把年轮画成花朵的形状吧，述说些曾经开花的心事。

鸟

鸟在天空划过弧线，天空随即弥合。

是天空畅然张开了怀抱，还是只为它留下了穿行的胡同？

鸟越飞越远，犹如渐渐不闻的声音。我的目光一线一线扫过天空，只看到窗上细小的尘埃。这些尘埃忽远忽近，提示着空间的弹性。

一切飞翔的路程，都十分短暂；漫长的，只有寂静。

鸟常常停下来，合起翅膀，等待着旅程。

天空属于鸟，鸟属于天空。

河流

人有血管，叶有叶脉，大地有河流。

河流在广袤的原野上，画出明显的标记，它让漂泊不定的人类建立坐标，找到归宿，也找到远行的方向。

涌动在两岸之间的，是水，是我们最家乡的家乡。谛听河流的声音，它在说些什么？而水的深处，有时，竟然把一切嘈杂溶解成岑寂。

就像时间，河流是永恒的。

河流因流动而真实，而永远，人却在稍纵即逝的追寻中，无以自处。倒影在河流中，往往虚幻、支离破碎。

对岸，还真有些远呢。

往事

风梳理过的头发，像瀑布一样，垂下。
阳光烤过的脚印，像蘑菇一样，发芽。

那些往事，在那些田垄和山坡。
那些田垄和山坡上，缀着花。

夜

被你拉长夜，弯成美丽的弧度。
无赖的灯光，缠绕着冰凉的雾。
我在等待着，星星的睡意。

图书在版编目（CIP）数据

竹堂诗词 / 孟会祥著. — 郑州：海燕出版社，2015.1（2017.1重印）
（竹堂文丛）
ISBN 978-7-5350-6142-3

Ⅰ.①竹… Ⅱ.①孟… Ⅲ.①诗词－作品集－中国－当代 Ⅳ.①I227

中国版本图书馆CIP数据核字(2014)第297751号

选题策划　黄天奇
责任编辑　朱立东
美术编辑　韩　青
装帧设计　张　胜 / 生生书房
责任校对　李红彦
责任印制　邢宏洲
责任发行　贾伍民

出版发行　海燕出版社
（郑州市北林路16号　邮编：450008）
发行热线　0371－65734522
经　　销　全国新华书店
印　　刷　河南大美印刷有限公司
开　　本　32开（890毫米×1240毫米）
印　　张　3.75印张
字　　数　70千字
版　　次　2015年1月第1版
印　　次　2017年1月第2次印刷
定　　价　13.00元